Fausto Carotenuto

CORPO, ANIMA SPIRITO

come siamo fatti e perché

Collana "Il Sole e la Colomba"

IL TERNARIO

2015 Edizioni "IL TERNARIO"
IL TERNARIO srl. Tutti i diritti riservati.
Cda Torraccia 3 05013 Castel Giorgio (Tr)
Email : ilternario@hotmail.com
Stampa: www.lulu.com
ISBN: 978-88-86860-45-1

alle amiche e agli amici
del percorso dei Talenti

Questo libro, così come gli altri della collana "Il Sole e la Colomba", è stato scritto con l'intento di diffondere pensieri ed esperienze di tipo spirituale in parole comprensibili a tutti. Ed in un modo che mostri il più possibile il loro intimo rapporto con la realtà quotidiana. Un qualsiasi cammino rivolto alla spiritualità ha infatti senso solamente se è un modo, uno strumento per diventare migliori nella vita reale, quella di tutti i giorni. Più coscienti, più sereni, più capaci di fare quotidianamente con amore e gioia le cose giuste.

indice

Le componenti superiori della natura umana - Il sé spirituale, o Manas - Lo spirito vitale, o Buddhi - L'uomo spirito, o Atma – Riepilogo – Uno strumento per suonare musiche celesti.

Appendice:

Di questi tempi sempre più persone, insoddisfatte dei modi di vivere e di pensare più diffusi nella nostra cultura, si rivolgono ad un cammino di ricerca spirituale. Spesso, già all'inizio di questi percorsi, appare evidente l'importanza di guardare con occhi nuovi alla natura umana. A come siamo fatti. La nostra scienza ufficiale approfondisce soprattutto ciò che ha a che fare con la materia, e quindi non ci spiega granché di quello che avviene in noi. Ma ormai sentiamo che quello che c'è da sapere è ben di più…

Nel momento in cui vogliamo trovare delle risposte serie sul significato della nostra esistenza, diventa molto importante conoscere come siamo fatti e perché. Infatti, se la vita avesse un senso e noi fossimo qui sulla Terra con un compito, le nostre possibilità di successo dipenderebbero certamente dal modo di adoperare gli strumenti a nostra disposizione.

Se vogliamo costruire una casa, abbiamo bisogno di diversi elementi: la voglia di farlo, un progetto chiaro in mente e le conoscenze tecniche necessarie. Poi ci servono gli operai, gli attrezzi e i materiali da costruzione. Tutte queste cose dovranno essere di buona qualità e funzionare nel modo giusto, altrimenti la casa non riusciremo a costruirla, oppure verrà fuori piena di difetti. Un bravo costruttore deve conoscere molto bene tutti gli elementi che concorrono alla edificazione di una casa, per avvalersene nel modo giusto.

Se sentiamo che anche la nostra vita è un qualcosa che noi possiamo "costruire" con risultati più o meno buoni, sarà certamente necessario capire come siamo fatti, quali strumenti abbiamo, a cosa servono, e come adoperarli bene.

Per cercare di approfondire questo argomento, proveremo a fare un percorso che parta da una base molto solida: noi stessi. Da quello che noi percepiamo di come siamo fatti. Più avanti, man mano che le cose si faranno più complesse e difficili da afferrare con il solo aiuto della nostra esperienza, ci faremo dare una mano da qualcun altro…

cosa sappiamo di noi stessi?

Cosa sappiamo di noi, cosa sentiamo di noi, come ci vediamo?

Fermiamoci un attimo e pensiamoci: sforziamoci di togliere di mezzo la consueta nebbia di pensieri e sensazioni e di guardare dentro di noi con calma e lucidità.

E allora ci renderemo conto abbastanza facilmente di quella che è la nostra routine quotidiana: riceviamo tanti stimoli dall'esterno, attraverso la vista, l'udito, il tatto e gli altri sensi; proviamo in noi delle sensazioni piacevoli o spiacevoli; stiamo bene, o stiamo male… E poi ci vengono dei pensieri, abbiamo dei sentimenti, abbiamo l'impulso di fare delle cose…

Ma che senso ha tutto ciò?[1] Perché ci passano dentro tutte queste cose? Forse ci servono per un qualche motivo, e magari siamo fatti apposta per elaborarle in qualche modo, per tirarne fuori un certo risultato. Potrebbe essere questo il senso e lo scopo della vita? Se fosse così, sarebbe allora molto importante capire in modo più approfondito quello che avviene dentro di noi. Magari poi ci accorgeremmo di poter funzionare meglio, e di poter conseguire risultati migliori…

Insomma, *noi in effetti come siamo fatti?*

Per capirlo ci basta quello che abbiamo saputo finora dall'ambiente che ci circonda?

La cultura dominante della nostra epoca ci dice che siamo fatti solo di materia, di processi chimici e fisici, che poi hanno misteriosamente dato origine alla vita. E che probabilmente gli stessi processi sono anche alla base dei nostri pensieri e dei

---

[1] Per un approfondimento di questo tema in particolare, vedi il testo "La vita ha un senso profondo e positivo", dello stesso autore, Edizioni Il Ternario, febbraio 2005.

nostri sentimenti. Una entità impersonale chiamata "Natura" ci avrebbe programmato come un computer per un qualche suo motivo, come la sopravvivenza della specie, o altro…

Ma perché deve "sopravvivere la specie?" Per fare che?

La risposta della scienza ufficiale è che non si sa… Forse un motivo non c'è, visto che tutto funziona per caso.

Però non convince questa storia di una Natura che da una parte è intelligentissima a creare e a mantenere con grande saggezza tante creature, e dall'altra fa tutta questa fatica senza alcun senso, senza alcun motivo valido… E allora viene spontaneo dirsi: "O è intelligente veramente questa Natura, e quindi sa quello che fa e perché, oppure è stupida. Ma in quest'ultimo caso proprio non si capisce come faccia a produrre e a tenere in funzione tutto quello che c'è nel cosmo, tutti quegli esseri e quei sistemi che esprimono chiaramente la grandissima saggezza di chi li ha creati."

Ma anche se guardiamo dentro di noi, lo sappiamo che non siamo fatti solo di materia. Nonostante quello che dice la scienza e che la maggior parte della nostra società occidentale ha ormai da tempo preso per buono. Gran parte della nostra vita è costituita di elementi che non sono materiali, come i pensieri, gli ideali, i sentimenti. Nessuno potrà convincerci fino in fondo del fatto che questo mondo interiore è un prodotto materiale. Un mondo non materiale, o spirituale, deve esserci, perché ci viviamo dentro... Così come con il nostro corpo fisico vive nel mondo della materia.

Se uno schiaffo ci crea dolore nel mondo materiale, una parola che ci ferisce crea un differente tipo di dolore in una sfera che non è fisica. Una bella musica non dà tanto piacere al nostro udito, quanto a qualcos'altro che è dentro di noi e che è in grado di apprezzarla. Noi sappiamo che l'amore è la cosa più importante della vita, soprattutto nelle sue manifestazioni spirituali. Un amore che è solo fisico non dura, è limitato, si ammala... Invece un amore cementato nel mondo dello spirito è eterno. Supera i problemi fisici, supera persino la morte!

Ma naturalmente nella nostra società non ci sono solo interpretazioni materialistiche, e la maggior parte di noi è stata a contatto con una educazione religiosa che ci ha parlato della nostra natura. Le principali tradizioni religiose dell'occidente ci dicono che non siamo fatti solo di materia, ma che oltre al corpo c'è l'*anima*. Nella mia personale esperienza di rapporti con la religione nella quale sono cresciuto, il cristianesimo cattolico, non sono riuscito a rendermi conto veramente di cosa sia quest'anima. Forse per colpa mia che non ho approfondito a sufficienza... Ma quello che mi è rimasto, di tanto catechismo e tante prediche, è che se viviamo bene, secondo i precetti divini, quando si muore la nostra anima va in Paradiso. Se non abbiamo fatto molti peccati va in Purgatorio a espiare per un certo numero di anni... E se abbiamo commesso dei peccati "mortali" senza confessarci - almeno un attimo prima di morire - va all'Inferno e ci rimane. Le anime di quelli che non sono stati battezzati, anche se hanno vissuto veramente bene, andranno in un posto difficile da capire, chiamato Limbo. Che poi mi pare sia stato abolito per decreto... Purtroppo sull'anima non mi è stato detto molto di più.

Mi rendo conto che questo è un modo di esprimersi un po' troppo semplicistico, ma questa è la realtà semplicistica della mia educazione religiosa. E penso di non essere il solo a ritrovarsi a pensare e a sentire in questo modo.

Anche le altre religioni tradizionali, sia pure in forme differenti, non è che forniscano alle persone normali molte spiegazioni in più su come siamo fatti e perché. In effetti, né la visione materialista né quella religiosa tradizionale ci aiutano molto a capire veramente la nostra natura. A capire come facciamo a vivere nel mondo fisico con il nostro corpo e contemporaneamente in qualche modo nel mondo spirituale con i nostri pensieri ed i nostri sentimenti.

Cerchiamo allora di seguire un'altra strada.

Se facciamo riferimento alla Natura, vediamo che ogni essere è progettato accuratamente per vivere proprio in un certo ambiente: un polipo per muoversi nell'acqua; un'aquila per volare in alto, per vivere fra terra e aria; una tigre per muoversi meravigliosamente sulla terra. Ognuna di queste creature ha la forma, gli organi, le attitudini, gli istinti adatti all'habitat nel quale vive.

Noi in quali ambienti viviamo? Certamente nell'*ambiente fisico materiale*. Ma non solo: siamo in grado di vivere anche in una sfera di sensazioni, di sentimenti, di pensieri, di intuizioni che sono *un ambiente differente da quello fisico*.

Se la Natura ha fatto ogni essere perfettamente adatto a vivere nel suo ambiente, questo principio dovrà applicarsi anche a noi uomini. E allora questo vorrà dire che siamo stati costruiti appositamente per vivere almeno in due mondi diversi: uno materiale ed uno non materiale.

Se camminiamo sulla Terra, se nuotiamo nel mare delle sensazioni e dei sentimenti, se possiamo volare alto nelle dimensioni spirituali, vorrà dire che la saggezza divina della Natura ci ha progettato fornendoci gli strumenti più giusti per farlo.

Gli strumenti per muoverci nel mondo fisico ci sembra di conoscerli bene, ma quelli per fare le altre cose come sono fatti? Come si chiamano?

Cerchiamo di vedere se, attraverso la nostra esperienza, riusciamo a capire qualcosa di più. Inoltre, come guida di fondo, e per quello che è difficile ricavare osservando direttamente la nostra esistenza, faremo riferimento a quanto comunicato, nei primi decenni del secolo scorso, dal filosofo e veggente Rudolf Steiner.[2]

---

[2] Tante tradizioni spirituali, e diverse personalità particolarmente illuminate – sia in Oriente che in Occidente - hanno fornito spiegazioni, anche estremamente valide, sugli elementi costitutivi della natura umana. Propongo le comunicazioni

Naturalmente cercheremo di verificare al massimo se il contenuto di queste comunicazioni trova poi corrispondenze nella nostra vita quotidiana.

---

di Rudolf Steiner – conseguite attraverso una seria indagine nei mondi spirituali – in quanto mi sembra racchiudano armonicamente il meglio di tutti questi messaggi. Ed in quanto corrispondono, secondo la mia esperienza, a quanto si può verificare acquisendo in modo appropriato la visione diretta dei corpi sottili. Rudolf Steiner, grande scienziato dello spirito, filosofo e veggente austriaco, scomparso nel 1925, è il fondatore dell'Antroposofia. Ha lasciato un'opera di vaste proporzioni (6000 tra conferenze e cicli di conferenze raccolti in 350 volumi, oltre a 30 volumi di scritti) e di altissima qualità. Le sue indicazioni in vari settori (pedagogia, psicologia, medicina, agricoltura, arte), conseguite a seguito di una seria e profonda indagine nei mondi soprasensibili, incontrano crescenti riconoscimenti.

il corpo

uno strumento
a mia disposizione

Da dove partiamo? Da quello di cui ci sentiamo più sicuri. E allora possiamo dire con tutta tranquillità:

"io ho un corpo".

Di questo siamo sicuri: lo sentiamo, lo vediamo, lo tocchiamo, lo possiamo annusare, sentire e perfino assaporare. E lo stesso possiamo fare con il corpo di qualcun altro. Sempre che ci vada e che ce lo lascino fare...

Nel dire *"Io ho un corpo"* abbiamo già cominciato ad individuare due parti di noi: l'*io* e il *corpo*. Due parti che hanno dei rapporti molto stretti, ma che sono entità distinte.

Noi non diciamo "io *sono* un corpo", ma io *"ho"* un corpo.

E' abbastanza semplice in fondo rendersi conto - e dentro di noi lo sappiamo - che *io non sono il mio corpo*. E che quindi il corpo è un nostro strumento. Se consideriamo un piede, pensiamo che quello è il nostro piede, non riteniamo di "essere" un piede.

Quindi già in partenza noi sentiamo e facciamo una prima distinzione tra due parti: l'"*io*" e il nostro strumento: il "*corpo*".

Qualcuno potrebbe obiettare che questo corpo è un po' particolare come strumento, visto che non è poi tanto sotto il nostro controllo. Spesso è lui a prendere il sopravvento su di noi: se si ammala, limita o impedisce anche del tutto quello che "io" voglio.

E' vero: nelle persone con alcune gravi malattie sembra quasi che l'"io" si spenga, sparisca a poco a poco, o del tutto. Schiacciato, cancellato da un corpo che non funziona più bene. Che non si rende più disponibile.

Però è anche vero che, al di fuori di questi processi di malattia o di particolari disfunzioni, la "normalità" è che noi, quando stiamo bene, questo corpo ce l'abbiamo a disposizione per muoverci, fare le cose, pensare, vedere, sentire, ecc...

Ma allora, che tipo di strumento è? Quale è il rapporto di fondo tra noi ed il nostro corpo? Forse possiamo dire che è qualcosa che usiamo, che è temporaneamente a nostra disposizione, ma di cui non abbiamo il pieno controllo.

chi controlla il nostro corpo ?

Vediamo di capire, almeno in condizioni normali, cosa controlliamo e cosa no.

Possiamo usare tanti muscoli grandi e piccoli, sparsi un po' dappertutto. Questo ci permette di svolgere molte funzioni, come muoverci, parlare, nutrirci, dirigere o portare dove vogliamo i nostri sensi... Ne ricaviamo una bella sensazione di libertà, e quando siamo nel pieno del vigore ci può dare anche un senso di forza e di "potenza".

Ma se ci pensiamo bene, non è poi molto quello che noi "veramente" controlliamo di questo strumento. Il nostro corpo è fatto di piccolissimi mattoni, di atomi messi insieme in un certo modo preciso ed intelligentissimo per formare poi le nostre cellule e con queste gli organi, gli arti, ecc... Però noi non partecipiamo ai suoi processi di costruzione, di continua trasformazione e manutenzione. Non ne sappiamo niente: nemmeno ce ne accorgiamo... I nostri organi funzionano saggiamente per conto loro: non siamo noi a regolare il funzionamento del cuore, o dei reni, o del fegato.

Ma anche nei casi nei quali ci sembra di avere il controllo totale, in effetti non sappiamo tutto quello che avviene nel nostro corpo. Se muoviamo un dito, certamente non abbiamo seguito ed organizzato tutto quello che serviva per fare questo movimento. Non abbiamo distribuito ordini rapidissimi e in successione al cervello, al sistema nervoso, ai tendini e ai muscoli...

E' un processo che sfugge quasi del tutto alla nostra coscienza normale.

E così, quando ci ammaliamo, cerchiamo l'aiuto del nostro dottore per capire cosa è successo in questo meccanismo che consideriamo "nostro", ma che è in gran parte fuori controllo. Noi non ne seguivamo coscientemente il funzionamento quando eravamo "sani", e non sappiamo adesso perché qualcosa non funziona. Ne abbiamo qualche sintomo. Ma non lo sappiamo "da dentro", dall'interno di noi stessi, e per questo ci siamo rivolti a un "tecnico". Tutte le analisi, le ecografie, le TAC ecc., servono a cercare di comprendere "da fuori" qual-cosa che noi non riusciamo a conoscere né a governare dall'interno.

Diciamo allora che il nostro "io" ha a disposizione un corpo, ma lo controlla fino a un certo punto: non partecipa coscientemente alla sua edificazione e trasformazione; e nemmeno al suo funzionamento interno ed alla sua manutenzione. Diciamo piuttosto che *ne usa una serie di funzioni*.

A questo punto però sorge una domanda: "Se il nostro corpo non lo facciamo funzionare noi, chi lo fa funzionare?"

Va avanti da solo, per caso, senza una intelligenza dietro? No, non è possibile: un prodotto così saggio, ricco di doti, di funzioni e di capacità utili e complesse, può essere solo il frutto di una grande intelligenza e del suo lavoro. Ci viene spontaneo dire che si tratta della Natura. E di certo possiamo chiamarla anche così. Ma non può essere un qualcosa di impersonale e privo di consapevolezza. Come in genere viene considerata la Natura ai nostri giorni. Deve essere una intelligenza che sa bene quello che fa e perché. Un essere - o più esseri - che svolge delle funzioni di "padre" o "madre", con doti di coscienza enormemente più elevate delle nostre.

In base a queste considerazioni non c'è alcuna difficoltà a pensare che quando consideriamo una Natura con queste caratteristiche, stiamo in effetti facendo riferimento ad esseri con poteri straordinari, ad "esseri divini". Gli stessi esseri, la *stessa saggezza divina* che vediamo all'opera ovunque nella Natura, dentro e fuori di noi.

Quindi diciamo che il nostro corpo è lo *strumento* che una o più intelligenze superiori ci hanno donato per viverci dentro. E non solo lo hanno costruito, ma continuano a tenerlo in funzione in modo che sia sempre a nostra disposizione.

Se lasciassero a noi il compito di far funzionare il cuore o i polmoni, e di farne la manutenzione, saremmo morti da un pezzo! E se affidassero completamente a noi tutto quello che c'è da organizzare per muovere un dito, quel dito non si sposterebbe mai! Semplicemente non abbiamo ancora una capacità di coscienza sufficiente per farlo.

Quando usiamo un computer, ne adoperiamo certe funzioni che ci sono messe a disposizione. Premiamo i tasti e "clicchiamo" con il "mouse", senza domandarci quello che avviene in tutti i pezzetti, in tutti i circuiti della macchina. Ma non siamo così ingenui da pensare che "noi siamo il computer" e lo controlliamo in tutto e per tutto… O che quella macchina ed i suoi funzionamenti complicati sono venuti fuori a caso. Lo sappiamo benissimo che un computer non esisterebbe se dei ricercatori e dei tecnici intelligenti non avessero sviluppato una saggezza tecnica sufficiente a costruirlo. E un computer è un qualcosa di infinitamente meno complesso ed intelligente del nostro corpo…

Quindi, quando utilizziamo un computer, noi stiamo in pratica ricevendo la collaborazione degli uomini intelligenti che l'hanno inventato e costruito. Allo stesso modo, quando usiamo il nostro corpo, lo possiamo fare solo perché ce lo hanno messo a disposizione e collaborano continuamente con noi delle intelligenze elevatissime… divine.

Quelle stesse intelligenze che le varie tradizioni religiose dell'Umanità hanno chiamato in tanti modi diversi: dèi, angeli, deva, grandi spiriti, ecc.

materia e vita

Cerchiamo di approfondire qualche altra caratteristica del corpo.

La sua composizione di base è la stessa della materia minerale di cui è fatta la Terra: gli stessi atomi. La differenza è che questi atomi sono stati "aggregati", montati in modo tale da produrre proprio la *forma* specifica del mio corpo, con tutti i suoi organi. E per di più in questa forma c'è *la vita*.

Quando un corpo vivo muore, tutta la materia di cui è fatto ritorna abbastanza rapidamente al livello minerale: il corpo diventa "polvere", un mucchietto di minerali.

Questo lo può verificare chiunque. Tutti lo sanno.

Allora possiamo domandarci:

> *Che differenza c'è tra il nostro corpo ed un mucchietto di minerali ?*

Vista la premessa, la risposta non è difficile:

Nel nostro corpo c'è la vita, in quei minerali no!

E allora, se vogliamo far vivere un mucchietto di minerali cosa dobbiamo fare?

Metterci dentro la vita!

Ne siamo capaci ?

No.

Esiste un qualche raffinatissimo, intelligentissimo scienziato capace di farlo?

No.

Ma allora a mettere la vita nel nostro corpo deve essere stata per forza qualche intelligenza superiore, dotata di una capacità di fare le cose molto maggiore della nostra.

Anche qui troviamo le tracce chiare, l'impronta profonda di quella che prima abbiamo chiamato *saggezza divina*: il mondo degli esseri spirituali. Solo un essere del genere può "soffiare" nel giusto mucchietto di polvere una *forza vitale* che sia in grado di fare una bella differenza rispetto alla materia minerale. Deve infatti essere una forza capace di aggregare gli atomi non in un modo qualsiasi, ma saggio, accuratissimo, per noi miracoloso... Per formare un organismo vivo, complesso ed efficiente, in continua trasformazione, in continuo ricambio. Un organismo con delle caratteristiche molto precise, che hanno solo gli esseri viventi:

- la *forma di una specie ben definita;*
- la *capacità di crescere e di riprodursi.*

Questa *forza vitale* la vediamo all'opera non solo nel nostro corpo, ma in tutto quello che è vivo intorno a noi: le piante e gli animali. Anche loro hanno una forma che corrisponde alla loro specie. Anche loro crescono e si riproducono. E tutti gli animali e tutte le piante quando perdono la forza vitale e muoiono ridiventano, come noi, un mucchietto di minerali.

La forza vitale è una rete di energie che attraversa tutto il cosmo. Fuori e dentro di noi. Per capire meglio come funziona, cerchiamo di immaginare in quale modo entra nella materia e la trasforma.

Tutto nel cosmo comincia dall'iniziativa cosciente di un essere intelligente e consapevole, e quindi anche questo processo. Quegli esseri del mondo spirituale che hanno raggiunto il livello di coscienza *giusto* per "soffiare la vita" nella materia, utilizzano la forza vitale cosmica per creare, plasmare *forme vive*. Questo avviene, da tempi remoti, in armonia con un progetto evolutivo generale dell'universo, della Terra e di tutti gli esseri che ne fanno parte, compresi noi uomini.

Naturalmente, le prime forme ad essere plasmate sono i mattoni di base della vita: le cellule. La forma invisibile della cellula, fatta di energia vitale, è dotata di una forza di attrazione degli atomi di materia. Proprio e solamente quelli che servono alla cellula per le funzioni che dovrà svolgere nel mondo materiale. Li attrae come fa una calamita con la limatura di ferro. E gli atomi "rivestono" la forma vitale della cellula, che così comincia a far parte del mondo materiale e ad essere visibile, almeno al microscopio.

Questo lavoro è stato ripetuto infinite volte nel corso dell'evoluzione della Terra, e ampliato a forme di vita sempre più complesse: quelle delle piante, degli animali e degli uomini. Sono forme attraversate da complicate linee di forza, da canali energetici lungo i quali le cellule si rivestono di atomi e si dispongono, si trasformano, si aggregano in mille forme e si specializzano. A formare organi che svolgono molteplici funzioni, in miliardi di organismi differenti.

Quando un essere vivente muore, la struttura invisibile sparisce, le linee di forza intelligenti non ci sono più, e tutto si smonta: dalle strutture complesse, dagli organi specializzati... giù giù fino all'ultima particella viva. Finché non rimane altro che materia minerale. Il "soffio divino" è uscito dalla creta che aveva vivificato, e di quel corpo non rimane che polvere.

Se queste osservazioni ci convincono, se le sentiamo valide, possiamo allora dire che il nostro corpo è fatto di due tipi di sostanze: della parte puramente minerale, che fa parte del mondo minerale, e di una parte importantissima fatta di *forza vitale*. Che non appartiene al mondo minerale, ma apparterrà ad un mondo fatto di forza vitale, attraversato da quella rete di energie vitali che vengono usate dagli esseri divini per "dare forma e vita" alla materia.

corpo fisico e corpo eterico

Possiamo anche dire che il nostro corpo è fatto di due corpi: uno puramente minerale, che chiameremo *corpo fisico*, ed uno fatto dalle forze vitali, che chiameremo *corpo "eterico"* o *"vitale"*.[3]

Il corpo fisico appartiene al mondo minerale, e ne segue le leggi fisiche, mentre il corpo vitale o eterico appartiene al mondo "eterico", fatto della energia vitale universale, che segue *leggi differenti*, tutte sue.

Per fare un esempio, una pianta tende verso l'alto, sfidando le leggi della gravità. Ci sono delle volte dei fili d'erba finissimi, alti anche più di un metro: é la forza vitale, che li tiene dritti e li fa crescere vero il cielo, perché appartiene ad un mondo in cui non c'è la forza di gravità, ma al contrario una spinta verso l'alto. Ma se il corpo eterico esce, se la pianta muore, tutta la materia minerale che ne fa parte tende a cadere giù, seguendo la legge di gravità che è propria del regno minerale. Proprio per questo la forza vitale viene anche chiamata "forza di leggerezza": perché consente il movimento, la fluidità, la crescita; perché sottrae la materia alla sua pesantezza.

---

[3] Vedi lo schema sul retro del libro.

Il nostro corpo eterico è la realizzazione energetica vivente del progetto divino del nostro corpo. Ogni organo fisico, come il cuore, i polmoni, il fegato, il cervello… è la "condensazione" di materia minerale intorno al polo di attrazione di un corrispondente organo invisibile fatto di energia vitale. Un cuore eterico, dei polmoni eterici, un fegato eterico, un cervello eterico… Progettati e tenuti in vita da esseri del mondo spirituale.

Le medicine tradizionali orientali hanno mantenuto una grande attenzione al corpo vitale. Contrariamente alla nostra medicina ufficiale, che da secoli non considera più il corpo eterico in quanto tale.

L'agopuntura ad esempio, che è di derivazione orientale, si basa su delle conoscenze e su una mappa di punti che riguardano proprio il corpo eterico. Ed è ormai una pratica sempre più riconosciuta nei suoi effetti anche dalla nostra cultura materialista.

Il corpo eterico è molto più mobile del corpo fisico: è una rete complessa di canali energetici sempre in movimento ed in continua comunicazione con la forza vitale universale e con le altre nostre dimensioni. Da quella fisica a quelle superiori più sottili di cui parleremo nelle prossime pagine.

Secondo le tradizioni orientali, questa funzione di collegamento passa attraverso punti energetici di vario tipo sparsi per tutto il corpo, denominati "chakra". Le energie vitali scorrono all'interno di numerosissimi canali, denominati "nadi", che formano la trama del corpo eterico. I chakra costituiscono i punti di distribuzione e di scambio della rete. Sette sono i chakra più importanti, quasi novantamila quelli secondari.

Se il nostro corpo eterico viene fortemente danneggiato o spinto fuori dal corpo fisico da un trauma violento, o eccessivamente indebolito da una malattia, questo può provocare il suo distacco dal corpo fisico, e quindi la morte.

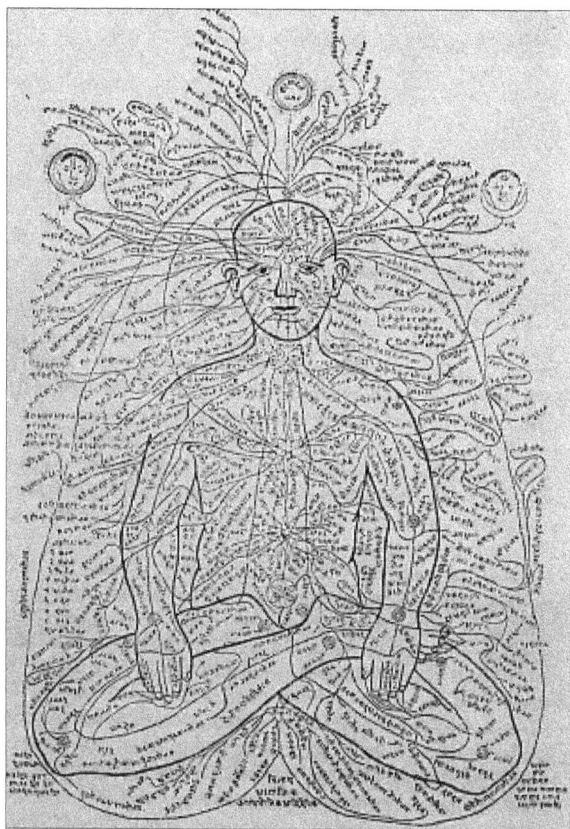

Antica illustrazione di origine tibetana, con i canali e i punti energetici (nadi e chakra). Dal "Manuale dei Chakra", di S. Sharamon e B. J.Baginski. Ed. Mediterranee, 1995

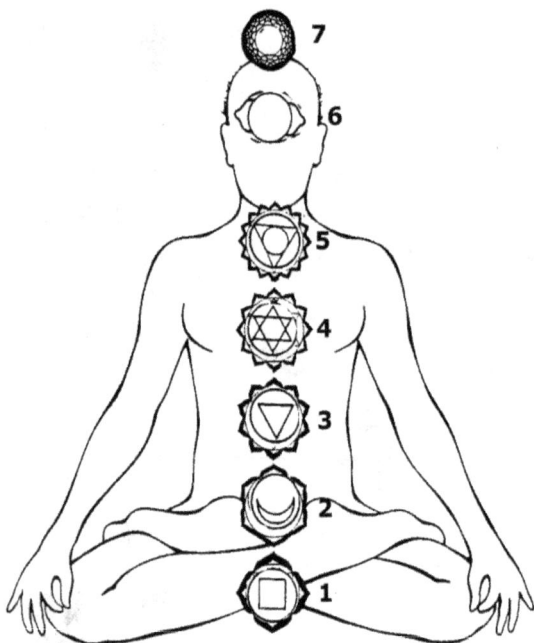

Il corpo vitale non è percepibile dai sensi. Per vederlo occorre possedere una *vista chiaroveggente*. Chi ha questa facoltà riporta numerosi dettagli sulla sua complessa conformazione. Ma ci sono anche alcune sue manifestazioni che tutti possiamo vedere.

Se proviamo a guardare con gli occhi leggermente socchiusi la chioma di un albero, sullo sfondo del cielo chiaro, oppure le nostre dita sullo sfondo del soffitto bianco, vedremo un po' alla volta un bagliore che ne circonda i contorni. Si tratta di una manifestazione dell'energia eterica. Un'altra prova che possiamo fare è quella di vedere che differenza c'è tra un frutto appena colto ed uno simile, ma staccato dal ramo da qualche giorno: vedremo una luminosità tutta particolare che emana dai colori del frutto più fresco, e che nell'altro è molto minore. La stessa cosa sarà evidente sulla carnagione delle guance di un bambino in buona salute. E potremo notare che il fenomeno sarà molto meno evidente quando quel bambino è malato o molto stanco ed ha perso forze vitali.

Ma esiste anche un altro modo per "vedere" le forze eteriche: considerare tutti i modi nei quali la forza vitale plasma gli organismi viventi e li fa funzionare. E guardare ogni essere riconoscendo nella nostra coscienza una dimensione superiore universale dietro la materia

Se non vediamo direttamente il regno della forza vitale, abbiamo comunque sempre a disposizione tutti i suoi importanti e bellissimi effetti. I ciclamini nel vaso che ho di fronte, o il mio gatto, o mia figlia... li vedo bene, e mi rendo pienamente conto che sono pieni di forza vitale.

riepilogo

Facciamo un breve riepilogo: dove siamo arrivati nel cercare di capire come siamo fatti?

> C'è il nostro *io*,
> che ha a disposizione
> il *"corpo fisico"*,
> ed il *"corpo vitale"* o *"eterico."*

In quanto corpo fisico facciamo parte del *mondo minerale*. In quanto corpo eterico apparteniamo ad un mondo invisibile, che è dentro e fuori di noi, che possiamo chiamare *mondo eterico o vitale*.

Del mondo minerale fanno parte, insieme a noi, i minerali e tutti gli altri esseri, per la loro parte minerale. Del mondo vitale fanno parte tutti gli esseri viventi: piante, animali e uomini.[4]

---

[4] Vedi lo schema sul retro del libro.

anima e spirito

i sensi e le percezioni

Se ci soffermiamo ancora a fare delle considerazioni su come siamo fatti, possiamo scoprire anche altre cose.

Il nostro corpo non è un qualcosa di chiuso in se stesso, non serve a costringerci nei suoi confini, ma il contrario: ci serve a entrare in comunicazione con quello che è intorno a noi. Con l'ambiente, le cose, le persone...

Attraverso il corpo, e in particolare attraverso i sensi, il nostro *io* entra in contatto con la realtà esterna. I sensi sono come dei canali, come delle porte attraverso le quali la realtà esterna entra dentro di noi.

E' proprio così. Infatti, se proviamo a chiudere gli occhi, a turarci le orecchie, il naso e la bocca, e così via... man mano che chiudiamo le porte dei sensi, ci accorgeremo di sapere sempre di meno di quello che avviene fuori di noi. La realtà esterna continuerà ad esserci, ma il nostro *io* non ne avrà più dentro di sé l'immagine, il suono, l'odore, il sapore, e così via. Tutto quello che normalmente ci serve per conoscerla.

Sì, normalmente riceviamo attraverso i sensi una serie di messaggi dal mondo esterno, e questi messaggi li posso chiamare

percezioni

In genere i sensi trasmettono le percezioni in modo piuttosto fedele, e pressoché uguale per ogni persona. Se due amici vedono insieme una partita di calcio in televisione, dentro di loro entrano le stesse immagini e gli stessi suoni. Se passeggiano sulla riva del mare al tramonto, vedono gli stessi colori, sentono lo stesso suono delle onde, gli stessi profumi.

l'anima e le sensazioni

Questo è abbastanza scontato, ma quello che avviene subito dopo è molto diverso e spesso imprevedibile: per ognuna di queste percezioni, nell'interiorità dei due amici si formano delle *sensazioni* particolari. E queste non saranno sicuramente uguali.

Per quanto riguarda la partita, può succedere che ad uno dei due quella visione lasci una sensazione di grande piacere, mentre all'altro molto meno. Oppure può capitare che ad uno venga il desiderio di andare di corsa allo stadio, mentre l'altro non ci pensi nemmeno lontanamente. Davanti ad un tramonto sul mare uno si commuove, non andrebbe mai via, si gode con grande piacere gli odori, i suoni, i colori. L'altro invece si annoia, non vede l'ora di andare via: quel tramonto non gli dice proprio niente, gli sembra tempo perso. Forse perché sta per cominciare un'altra importantissima e imperdibile partita…

Ognuno di noi potrebbe fare migliaia di esempi di come "sente" i fatti della vita in un modo tutto suo e diverso dagli altri.

Quello che avviene è che i messaggi che arrivano dalla realtà sono gli stessi, ma l'impressione, l'esperienza che ognuno di noi ne ricava è differente. Poco o tanto… ma è differente: è unica e del tutto personale. Possiamo parlare anche a lungo delle nostre sensazioni, ma non riusciremo mai a condividere veramente con nessuno tutta la gamma, le tonalità, le coloriture di quello che proviamo.

Intorno alle nostre sensazioni cresce in noi un mondo fatto di gioie, dolori, dispiaceri, desideri, passioni… del tutto personale. E si tratta di

un mondo interiore,
differente da quello esterno.

E' una dimensione privata, che costruiamo dentro di noi un po' alla volta, vivendo la vita di tutti i giorni. Un mondo nel quale possiamo guardare solamente noi. Nessun altro vi ha accesso…

E' una sfera completamente diversa dagli aspetti che avevamo considerato prima: il mondo della materia e quello della vita. Non è fatta della stessa materia del mio corpo fisico, né dell'energia che scorre nel suo corpo vitale. Ma ha a che fare solamente con quello che

io sento.

E quello che ognuno di noi sente è anche differente dal suo *io.*

Noi diciamo: "Io sento una sensazione dentro di me". Non ci viene da dire: "Io sono la sensazione che sento". Non ci viene nemmeno da pensare che è il nostro corpo che si è innamorato di qualcuno, o che odia qualcun altro. Questa attività di sentire deve stare da qualche parte dentro di noi che non è il nostro io e che non è il nostro corpo. Un particolare "organo" fatto apposta dalla Natura per elaborare le sensazioni, e che è a disposizione del nostro io. Non sono i sensi, che come abbiamo visto fanno altre cose.

E allora che cosa è, come si chiama, come funziona? Le antiche tradizioni, i maestri di percorsi spirituali, i mistici, hanno dato in genere un nome piuttosto preciso alla parte di noi che fa questo tipo di esperienze:

anima

Quello dell'anima (in Greco *psiche*) è un mondo molto complesso. Di questa realtà ha cominciato ad occuparsi anche la Scienza, soprattutto a partire dalla seconda metà del diciannovesimo secolo. La psicologia e la psicanalisi hanno avuto un grande sviluppo, ma siamo forse ancora relativamente agli inizi degli studi su una materia così vasta e complessa.

Possiamo dire che l'anima è uno strumento fondamentale del nostro *io*. La sua funzione è quella di trasformare quello che ci arriva dal mondo esterno in un mondo nostro. Dal mondo esterno arriva la realtà, come si presenta attraverso i sensi, e la nostra anima la elabora in come il nostro *io* sente e considera il mondo intorno a sé.

Poi, sulla base di questo lavoro fatto dalla mia anima, il nostro *io* decide con la sua volontà di ritornare fuori di sé e di agire nella realtà esterna.

Sarà allora questo il motivo per cui diciamo che ognuno vede il mondo come gli pare, ognuno ha un suo parere sulle cose, ognuno agisce in un modo differente…

un mondo solamente mio

Questo non avviene perché ciascuno vive in una realtà diversa dagli altri: viviamo tutti nello stesso mondo. Ma perché ognuno di noi ha dentro di sé ha un'anima differente che elabora in un modo diverso dagli altri quello che gli arriva da fuori.

Facciamo delle esperienze nel mondo, ed il risultato è la somma delle sensazioni e dei sentimenti che tutte queste esperienze hanno suscitato dentro di noi. Questi sono i mattoni con i quali è fatta la mia anima: una *casa interiore* che cresce elaborando le esperienze fatte nella vita.

Un aspetto importante è che noi non decidiamo quali sensazioni debbano sorgerci dentro. Questo lo decide il modo in cui siamo fatti, dovuto alle nostre esperienze passate.[5] Ma nel momento in cui ci sorgono delle sensazioni, non possiamo farci nulla: ce le troviamo in noi così come sono. Si tratta di un meccanismo "automatico" che genera in noi reazioni riconducibili a due tipi:

"mi piace" o *"non mi piace".*

---

[5] Il tema della nostre caratteristiche attuali come frutto del nostro passato viene approfondito nel libro "Cos'è il karma?", dello stesso autore, edizioni Il Ternario, marzo 2005.

Questo avviene sempre, sia pure con intensità e sfumature molto variabili. Riconoscere una tale realtà ci può spiegare molte cose.

Già in partenza ognuno di noi è probabilmente un *io* con caratteristiche differenti dagli altri. Perché la Natura, la saggezza divina non fa mai due cose, due esseri uguali. Ma poi le differenze si accentuano perché ognuno sviluppa un suo mondo interiore, una sua anima, fatta di una lunghissima serie di *mi piace* e *non mi piace* tutta personale.

E poi su questa base agisce.

E il risultato si vede: ognuno di noi sviluppa una differente personalità, con dei gusti tutti suoi, agisce in modo tutto suo e poi sviluppa un percorso di vita solamente suo. E sempre differente da quello degli altri.

Questo lo possiamo verificare nella vita di tutti i giorni.

il corpo astrale

Abbiamo già detto che la psiche, l'anima, è una cosa molto complessa. Per cercare di orientarci al suo interno bisogna cominciare a dare dei nomi alle sue differenti parti ed alle sue diverse funzioni. E' come per il corpo fisico: se vogliamo approfondirne la conoscenza dobbiamo prima di tutto cominciare a distinguere la testa dal tronco, dalle braccia, e così via... Altrimenti non ci ritroviamo più.

Dove stanno tutte le sensazioni, i sentimenti, i desideri, le pulsioni...? In effetti, una volta che li abbiamo provati, ci rimangono. Se vogliamo, li possiamo anche andare a ripescare. Da dove le ripeschiamo? La somma, l'insieme, il contenitore, la *casa* che viene fuori attraverso queste attività lo possiamo considerare una specie di corpo invisibile, che è in noi, e che si aggiunge al corpo fisico ed a quello vitale o eterico. Lo possiamo chiamare *"corpo dell'anima"*. Oppure, per cominciare ad usare un termine piuttosto noto, e di cui si sente spesso parlare, chiamiamolo

corpo astrale

l'anima che sente

Dentro a questa *casa astrale* si svolgono alcune attività.

Quella di far sorgere, di far nascere le sensazioni, viene svolta da una certa parte dell'anima, che è in prima linea rispetto al mondo esterno e che riceve gli stimoli dai sensi. Questa la possiamo chiamare

anima che sente

E' l'organo dove arrivano le *percezioni* e sorgono le *sensazioni*.

E' qui che in noi si forma la fondamentale sensazione "mi piace" o "non mi piace".

l'anima che ragiona

Ma, oltre a provare sensazioni, in genere facciamo anche qualcos'altro: ci riflettiamo sopra, ci ragioniamo, ci pensiamo.

E allora accade che, se ci siamo presi una indigestione di ciliegie, e questo ha prodotto in noi una sensazione spiacevole, ci pensiamo: ne deduciamo che mangiarne troppe ci fa male, e che quindi per il futuro eviteremo di farlo. La prossima volta cercheremo di resistere a quello che *l'anima che sente* vorrebbe proprio rifare: una nuova scorpacciata di ciliegie.

E' proprio *ragionando* sulle nostre sensazioni che ci facciamo un'idea del mondo intorno a noi. Ma per farlo dobbiamo tirare giù da una dimensione che non è quella materiale, o quella eterica, o quella delle sensazioni, una "materia" superiore da ado-

perare: i *pensieri*. Per capire la realtà materiale che ci circonda dobbiamo collegarci
con il mondo che le ha dato origine. I
pensieri sono all'origine di tutto quello che
c'è nel creato, e quindi è nel mondo dei
pensieri che possiamo sperare di capire come stanno le cose.

Questa parte dell'anima nella quale si
svolge l'attività di pensare, la possiamo
chiamare

anima che ragiona.

Il pensare tende a migliorare il livello del-
l'*anima che sente*. Se non ci fosse questa attività, noi vorremmo immediatamente soddisfare i nostri impulsi, le nostre voglie, e fug-
gire subito di fronte alle cose spiacevoli o
dolorose. E' facile immaginare che questo
ci creerebbe infiniti problemi, e ci terrebbe
schiavi delle sensazioni,

Invece capita spesso che cerchiamo di
non comportarci così. Vediamo una bella
automobile, che proprio ci piace, e allora
l'anima che sente ci spinge a comprarla

subito. Ma è la nostra anima che ragiona
che ci dice se ce lo possiamo permettere...
Se aprendo il frigorifero vediamo una bella
porzione di torta che ci fa gola, e abbiamo il
colesterolo alto o dei chili di troppo, solo
l'anima che ragiona ci potrà impedire di
mangiare subito quella leccornia.

Cosa ci fa comportare in modo diverso
da quello che pretende la nostra anima che
sente? Cosa ci consiglia se è il caso di fare
una certa cosa a prescindere dalle nostre
sensazioni? Cosa ci avverte quando è meglio aspettare? Sono i pensieri che il nostro
io pensa attivando questa parte della casa
interiore: *l'anima che ragiona.*

il mondo della verità e del bene

La sfera dei pensieri è un mondo differente
da quelli precedenti, sta un gradino più in
alto di quelli che abbiamo già visto: fisico,
eterico o vitale, e delle sensazioni.

Quando pensiamo cerchiamo di capire
una certa realtà, come funziona, che senso

ha. Vogliamo conoscerne la *verità* per sapere cosa significa per noi, per decidere come comportarci. Perché poi vogliamo sempre ottenere un bene, qualcosa di buono nella nostra vita. Non vogliamo avere una risposta finta, che poi "ci spiazza": vogliamo proprio la *verità*. Così poi potremo decidere liberamente cosa fare per ottenere un bene.

Una brava mamma, per esempio, vuole che sulle etichette delle cose da mangiare che compra per i suoi figli ci sia scritto chiaramente quali sono gli ingredienti. Vuole la *verità* su quel cibo. Perché così potrà ragionare e scegliere qualcosa di sano e nutriente per la sua famiglia. Leggendo gli ingredienti, deciderà a ragion veduta. Se non ce li scrivono in modo chiaro preferirà non comprare…

Se vediamo nostro figlio troppo distratto, indebolito, incapace di fare le cose, vogliamo sapere perché… Perché questo ci è necessario per pensarci sopra e capire come lo possiamo aiutare. Se ci accorgiamo che ci dice la prima scusa banale che gli viene in mente, a noi non basta: vogliamo sapere la *verità*! Se no come facciamo ad aiutarlo veramente, per il suo *bene*?

Ma nel cercare la verità pensando, cosa stiamo facendo? Cerchiamo di metterci in contatto, a partire dalla nostra anima, dalla nostra privata *casa* interna, con qualcosa che è fuori, nel mondo. Diciamo proprio nella comune casa "esterna". La casa esterna ci ha mandato dei messaggi su come è fatta attraverso i sensi, ma ora ci rendiamo conto che le sensazioni non ci bastano per capire la realtà e che non possiamo vivere solamente su questa base. *L'anima che sente* ci farebbe agire spesso in modo sbagliato, ma non ci spiega il senso, la verità delle cose del mondo. Quella che più ci serve.

Se vogliamo la verità, dobbiamo pensare, attivare *l'anima che ragiona*.
Se lo facciamo andiamo in direzione della verità, verso il significato vero della realtà. *A prescindere da come le sentiamo noi.*

Cominciamo a entrare in contatto con quel mondo che è all'*origine della realtà* come la vediamo. Pensando cominciamo ad affacciarci in un mondo differente, nel *mondo spirituale*. La realtà materiale è solo la sua manifestazione esteriore.

Quando ho fatto qualche immersione subacquea nella barriera corallina, la mia anima che sente si è riempita di gioia, di commozione. Guardando i coralli, i singoli pesci di tutte le forme e colori, ho pensato cercando di afferrare la loro realtà: come sono fatti, come si muovono, come stanno in branco... La mia gioia era solo mia, e se non avessi fatto quelle immersioni non ci sarebbe stata. I pensieri che ho fatto su come sono i coralli e i pesci, riguardano invece la loro realtà, che non ha nulla a che fare con me. Io mi ci sono collegato pensando. Quella realtà era lì anche prima e spero sarà lì anche dopo. Qualsiasi altro uomo è passato o passerà di là, potrà pensare gli stessi pensieri collegati a quei pesci ed a quei coralli. Se osservando un certo tipo di pesce di colore blu ho notato che vive sempre ad una certa profondità, o si muove in un certo modo speciale, o cambia colore quando viene minacciato, questi miei pensieri si rivolgono alla realtà di quella creatura, non alla mia. Sono verità alle quali io mi sono collegato pensando. Ma chiunque altro può pensare questi stessi pensieri. Non sono del mio mondo interiore, ma appartengono alla realtà propria di quella creatura marina. Hanno un valore in sé, non glielo dò io.

Quello che noi facciamo incessantemente è cercare di collegarci ai valori, alle verità che sono fuori di noi e che sono vere di per sé.

Forse la sto facendo un po' lunga... Ma è molto importante dal punto di vista pratico, della vita vissuta. Infatti noi abbiamo moltissimi problemi con il resto del mondo e una infinità di incomprensioni con gli altri, se badiamo solo alle nostre sensazioni, se diamo retta solamente alla nostra *anima che sente*. Perché ognuno ha un mondo interiore differente.

E così non ci capiamo…

Cominciamo però a intenderci quando ci colleghiamo a qualcosa che è fuori di noi e che tutti, se vogliamo, possiamo capire. Lì possiamo ritrovarci, a condividere verità comuni.

Se, osservando i fondali del mare, ci rendiamo conto del fatto che quel certo tratto di barriera corallina sta morendo… e capiamo che questo deriva dagli scarichi di una raffineria, questo ci farà arrabbiare. Ma di per sé non ha nulla a che vedere con la nostra rabbia: è una realtà che può scoprire chiunque altro, perché è nelle cose. E' una verità che tutti, se vogliono, possono riconoscere pensando. Ed in questa verità possiamo ritrovarci, anche se le nostre sensazioni sono differenti.

E allora magari, se volessimo fare qualcosa per combattere questo inquinamento ambientale, potremmo scoprire che il nostro migliore alleato non è solamente e necessariamente uno che "sente" come noi, ma può anche essere un ricco imprenditore locale al quale l'*anima che sente* non trasmette un sentimento di rabbia, ma uno di *paura di perdere i soldi* investiti in bar e stabilimenti balneari...

Ciò su cui ci ritroviamo è la verità pensata dalle nostre *anime che ragionano*, su una certa realtà.

Qualcuno dirà giustamente che non basta pensare per raggiungere la verità. Perché tutti pensano ed ognuno dice di avere una verità differente. E' proprio così... non c'è niente da dire. Ma comunque pensare tende a metterci in collegamento con le verità delle cose, e noi ne possiamo prendere una parte, o afferrarne un momento. Ognuno forse guarda solo un lato della stessa verità, ma può sempre mettercela tutta per "migliorare la connessione" e trovarne visuali sempre più ampie e luminose.

la lotta per la libertà è dentro l'anima

Ma il problema è anche un altro: se ci pensiamo ci rendiamo conto che

i nostri pensieri non sono liberi.
In che senso ?

E' come se tendessero a scoprire la realtà che è fuori di noi, ma provano a volare fuori dalla casa interiore e una specie di elastico, o di tentacolo, li tiene legati e li ritira dentro, in mezzo al mare delle sensazioni e dei sentimenti. E' come se l'*anima che sente* cercasse in ogni modo di colorare, di "inzuppare" i nostri pensieri nel brodo denso e oscuro delle sue esigenze primarie: quelle di dare soddisfazione a tutti i suoi impulsi, alla sua voglia di piaceri, ai suoi desideri, alla sua esigenza di sfuggire tutto quello che non le piace. E allora cerca di richiamare i pensieri, se volano liberi verso la luce della verità, o ancora meglio tenta sempre di mandarli fuori già oscurati e deviati dalle sue esigenze. Pensieri così condizionati vedono solo pezzi di verità, e quelli riportano in casa al nostro *io* .

Viceversa, meno siamo condizionati dall'*anima che sente*, più sottile è l'elastico e più lontano nella dimensione spirituale possono volare i pensieri, a pescare parti sempre più grandi della verità delle cose.

Se sentiamo una forte, istintiva antipatia per qualcuno, è difficile che riusciamo a mantenerci lucidi nei suoi confronti: vedremo molto più facilmente i suoi difetti... Anche quelli che non ha. E terremo poco o niente conto dei suoi lati positivi. L'antipatia ci renderà difficile conoscere veramente quella persona, e questo ci porterà o ad allontanarla oppure a deteriorare i nostri rapporti.

Così come anche una eccessiva simpatia istintiva può generare problemi. Quante volte succede di "infatuarsi" di qualcuno che non lo merita. E di faticare molto a scoprire i suoi aspetti negativi, che magari qualche amico aveva segnalato da un pezzo! Quante volte abbiamo sentito la frase:

"Non c'è peggior sordo di chi non vuole sentire!"… *Chi non vuole sentire* siamo noi quando non riusciamo a districare i nostri pensieri dalle prepotenze dell'anima che sente. Che ci impone quello che superficialmente ed automaticamente le piace o non le piace.[6] Non quello che è meglio per noi…

Occorre poi considerare meglio un aspetto molto importante di quello che ognuno di noi cerca: il nostro *io* cerca la *verità* nelle cose, ma lo fa perché in noi c'è un impulso innato a cercare il *bene*. A cercare ciò che è *buono*. Perché l'impulso d'amore che arde in fondo al nostro cuore, vuole il bene.

Anche il bene è un qualcosa di indipendente dalle nostre sensazioni, o dalle nostre

---

[6] Questo non vuol dire che bisogna perdere spontaneità e bloccare immediatamente qualsiasi slancio. Ma che negli slanci va introdotta il più possibile la luce di una coscienza ben maggiore del semplice effetto di una sensazione. Per rendere qualitativamente ancora migliore ogni rapporto.

pulsioni. Il *bene* è ciò che è bene per tutto il cosmo, per tutti gli uomini e per la loro evoluzione positiva.

Quando noi facciamo qualcosa è perché pensiamo che sia bene farla. Ma se l'*elastico* dell'anima che sente è bello forte, non potremo fare a meno di considerare come un bene quello di soddisfare le nostre sensazioni e le nostre pulsioni più basse ed egoistiche. Quando invece riusciamo a tenere a bada questi sentimenti, i nostri pensieri potranno rivolgersi al bene che è buono in sé.

Alla nostra anima che sente in genere non piace fare le faccende di casa, che sono faticose e poco piacevoli. E allora ci spinge ad evitarle. Se la nostra anima che ragiona, invece di "zittire" l'anima che sente, si mette a sua disposizione, i nostri pensieri partiranno alla ricerca di mille scuse. E possiamo anche arrivare a convincerci di idee come: "ci sono cose più importanti e interessanti nella vita…", oppure "io le faccende proprio non le so fare..", o ancora "non è roba da uomini…", o "non sono cose adatte ad una donna emancipata…"

Che cosa è che invece può farci scegliere di farle con serenità?

Sono quei pensieri pieni di amore che mi dicono che, lavorando coscienziosamente nelle faccende domestiche, facciamo qualcosa che è bene non solo per noi, ma che mette tutta la nostra famiglia in condizioni migliori di vita. Avremo scelto liberamente un bene superiore. Il nostro *io* si sarà aperto ad una realtà superiore, spirituale, che non viene dalla nostra casa interiore, che non viene dalle forme materiali del mondo esterno, ma è più su, nel mondo spirituale. La *verità* ed il *bene* sono lì e noi, con i nostri pensieri pieni di amore e liberi dal condizionamento delle sensazioni di piacere o dispiacere, apriamo a loro la nostra casa interiore, che si riempie di luce, di aria buona, fresca, pulita, profumata.

Qui in effetti siamo di fronte ad un vero e proprio bivio. Abbiamo due possibilità:

vivere isolati nella nostra interiorità, avvolti e condizionati dalle pulsioni dell'anima che sente, schiavi delle sue sensazioni;

oppure

cercare il senso vero delle cose e della vita, cercare di collegarci gradualmente sempre di più, con il cuore e con la mente, alla verità ed al bene; per poter esser liberi di vivere meglio la nostra vita.

Se facciamo la prima scelta, quella meno "cosciente", la nostra *anima che sente* tende ad usare tutte le nostre grandi potenzialità di pensiero per obbedire agli egoismi imposti dalle sensazioni.

A questo proposito Rudolf Steiner, un secolo fa, faceva notare una cosa sulla quale vale la pena di riflettere:

"...Grandissime quantità di forze di pensiero sono indirizzate a questo scopo. E' forza di pensiero quella che ha costruito navi, strade ferrate, telegrafi, telefoni; e tutto ciò serve in massima parte a soddisfare i bisogni dell'anima che sente."[7]

Non è che in un secolo le cose siano migliorate. Anzi, ora c'è una sfrenata propensione del nostro sistema economico e di mercato a solleticare e soddisfare principalmente le pulsioni dell'*anima che sente*. Siamo in un'epoca in cui sulla Terra, sull'altare delle esigenze delle *anime che sentono* dei paesi ricchi, vengono sacrificate le esigenze primarie, vitali dei paesi poveri e quelle spirituali di tutta l'umanità.

---

[7] Rudolf Steiner: "Teosofia", pag 34, Editrice Antroposofica 1994.

l'anima cosciente

Quando invece cominciamo a non agire più nel primo modo, ma di fronte al bivio scegliamo la seconda possibilità[8], entriamo in contatto ed in collaborazione con il mondo della verità e del bene che è dietro a tutte le cose. Quello che possiamo chiamare *"mondo spirituale"*. E allora dentro di noi cresce una parte differente, superiore, più luminosa della nostra anima. Capace di "intuire" le realtà spirituali che sono dietro le apparenze materiali. Facendo vivere in noi ciò che è vero e buono di per sé, il nostro *io* trasforma la sua casa: al suo interno cresce un elemento che di per sé è vero, buono ed eterno... immortale.

---

[8] *"cercare il senso vero delle cose e della vita, cercare di collegarci gradualmente sempre di più, con il cuore e con la mente, alla verità ed al bene; per poter esser liberi di vivere meglio la nostra vita."*

Questo elemento, che solo il nostro *io* può introdurre dentro noi, è *lo spirito* che si fa strada nella nostra casa interiore, illuminandola e riscaldandola. Così facendo dà forza ad una nuova parte dell'anima attraverso la quale facciamo già parte del mondo spirituale.

Mentre il modo di pensare dell'anima che ragiona tende ad essere razionale e intellettualmente freddo, qui è pienamente in gioco il calore del nostro cuore. Perché solo partendo da un impulso del cuore, lasciando scorrere l'amore che è in noi, possiamo afferrare la realtà di ciò che è veramente bene. Per tutti.

Il nostro io fa questo vero e proprio *lavoro di coscienza*, assistito da questa parte nuova, amorosa e luminosa della nostra anima, che allora chiameremo

anima cosciente.

Mentre il *corpo* cerca di dettare le sue condizioni attraverso l'*anima che sente*, e se ci riesce mantiene l'anima intrappolata nei suoi confini limitati, quando ci apriamo allo spirito questo si riversa nell'anima cosciente. Ed allora tutta l'anima si espande verso l'esterno, verso il mondo…[9]

L'anima cosciente è la vera protagonista della nostra crescita. Il vero, autentico ponte tra la dimensione terrena e quella spirituale. E' ricolma dello stesso amore e della stessa luce dei quali è intessuto il cosmo. Sotto la sua guida gli impulsi dell'anima che sente ed i pensieri dell'anima che ragiona trovano la giusta direzione e si pongono finalmente al servizio della nostra evoluzione spirituale.

L'anima che sente non è il "diavolo" dentro di noi, ma una sorta di molla automatica che ci spinge verso i piaceri della materia.

---

[9] Ogni vero veggente può "osservare" questo fenomeno. L'anima forma un'aura luminosa e colorata intorno al corpo, che diventa sempre più luminosa, più bella e più ampia man mano che ci si arricchisce di verità, amore e ideali spirituali.

In quei piaceri non c'è nulla di male. Sono anzi positivi in quanto avvicinano il nostro spirito gioiosamente al rapporto col mondo esterno. E con le esperienze che è chiamato a fare sulla Terra. Ma è quando la sua spinta diventa fine a sé stessa, rivolta solo al conseguimento di questi piaceri, anche a danno del bene altrui, che l'anima rischia di avvelenarsi. L'anima cosciente è allora la guida che consente all'anima che sente di muoversi libera e sicura, in una dimensione superiore, di crescita spirituale. Il suo effetto è tale, che un po' alla volta l'anima che sente comincerà a trasformare quello che le piace o non le piace. A cambiare i propri gusti. I piaceri interiori o fisici coincideranno sempre di più con i disegni d'amore della saggezza cosmica e con il bene comune. E sempre meno con il proprio egoismo.

Ciò che è veramente bene per tutti comincerà a piacerci e ciò che è male a non piacerci più.

il nostro "io"

Abbiamo visto che il corpo e l'anima sono gli strumenti del nostro *io*.

Ma che cosa è in effetti questo *io*?

La risposta apparentemente non è affatto facile. Solo *io* posso provare dentro mi me il sentimento profondo con il quale mi percepisco, e posso dire a me stesso: "Io". Ma forse non serve definire un qualcosa che sentiamo così fortemente. Ciò che più conta è che *io lo so che vivo continuamente riferendo tutto a me*.

Proviamo a fermarci per qualche minuto e chiudiamo gli occhi, cercando di rilassarci. Lasciamoci scivolare in una condizione di tranquilla meditazione, lasciando cadere un po' alla volta le percezioni, le sensazioni, le emozioni, i pensieri. Alla fine ci renderemo conto del fatto che solamente di una cosa non possiamo liberarci: di quel *testimone* di tutto che è il nostro *io*. La nostra presenza nel profondo di noi stessi: questo è l'*io*.

Da non confondere con gli strumenti che abbiamo a disposizione: il corpo fisico, il corpo vitale e quello astrale, con al suo interno le varie articolazioni dell'anima e con le sue attività di sentire, pensare e volere ...

L'*io* è attivo ovunque, alle prese con tutti questi strumenti, per cercare di trarne il meglio. Ma uno dei nostri errori più frequenti è che tendiamo a confondere l'*io* con i mezzi che ha a disposizione. Spesso pensiamo di essere solo un corpo fatto di materia, e che le nostre esigenze siano solo quelle di benessere del nostro corpo. Oppure che la cosa più importante per noi siano le sensazioni di piacere o dispiacere, e quindi che ci basti soddisfare queste pulsioni. Ma le nostre vere esigenze sono altre: tutto ciò che porta alla crescita e alla maturazione del nostro *io*, attraverso il lavoro dell'*anima cosciente*.

Ogni esperienza che attraversiamo è fatta apposta per mettere il nostro *io* in condizione di crescere utilizzando i suoi strumenti. Nel fare questo lavoro, anche i vari *corpi* migliorano e si raffinano nel corso dell'evoluzione umana, fino a diventare elementi spirituali.[10]

L'*io* è il nostro vero essere. E' lui che ad un certo punto da bambino diventa *cosciente di sé*. E' lui che si ritrova degli strumenti da usare bene: un corpo che lo tiene in contatto con il mondo esterno, ed un'anima con la capacità di sentire, di pensare e di agire.

E possiamo verificare come il nostro *io*, sia aperto in due direzioni: alle esperienze del corpo e dell'anima da una parte, ed a quelle spirituali, attraverso l'*anima cosciente*, dall'altra. A seconda di quello che faremo prevalere il nostro *io* si confonderà con le parti più basse del corpo e dell'anima, che

---

[10] Vedi l'ultimo capitolo del presente libro.

lo imprigioneranno nell'oscurità fisica della materia, e nella nebbia delle sensazioni.

E allora lo chiameremo

ego, o io inferiore, o io ordinario

Oppure si identificherà con l'*anima cosciente*, e se ne arricchirà, diventando un *io* sempre più spirituale, sempre più capace di amare, illuminato, luminoso. Qui avremo invece a che fare con la tendenza dell'io a realizzarsi come

io superiore, o io spirituale.

E' questo un nostro modo di essere che già esiste nel mondo spirituale, quale possibilità reale del nostro avvenire evolutivo. Che già in qualche modo ci richiama a sé dal nostro futuro.

In quanto *io*, siamo il manovratore degli strumenti che abbiamo a disposizione. L'*io* è la nostra presenza, ma non una presenza passiva, bensì il nucleo in crescita di una potenza creativa del Bene. Che si sviluppa attraverso il rapporto cosciente e attivo con il mondo fisico e con il mondo spirituale. La nostra vita, e quello che diventeremo, dipende da cosa faremo prevalere nella nostra anima.

L'anima è una madre, nella cui pancia cresce il piccolo *io* che abbiamo sulla Terra.

L'*io* è quella scintilla di origine divina che è ognuno di noi, che la saggezza creatrice ha staccato da se stessa per renderla individuale e poi sempre più divina attraverso l'immersione nella materia e nella casa vivente dell'anima. Un'anima che saggiamente si libera dalla schiavitù dei sensi e si riempie di pensieri e di ideali elevati, di sentimenti di amore disinteressato e di azioni giuste, fa crescere dentro di sé un *Io divino*.

E' quello che i pittori medievali e rinascimentali hanno rappresentato dipingendo tante bellissime, pure Madonne con il Bambino. Il Bambino che prende il latte dalla madre, o che si rivolge con occhi meravigliati al mondo, è il nostro piccolo *io spirituale*. La Madonna è la nostra anima quando, padrona delle sensazioni, è ormai rivolta con amore alla verità e al bene ed è in grado di far crescere il nostro essere divino.[11]

---

[11] In appendice una proposta di lettura di una preghiera tradizionale cristiana, l'*Ave Maria*, collegata a quanto espresso in queste righe.

riepilogo

A che punto siamo nel cercare di capire come siamo fatti ?[12]

C'è il nostro *"io"*,
che ha a disposizione:

> il *corpo fisico,*

> il *corpo vitale* o *eterico.*

> e il *corpo astrale,*

>> a partire dal quale si sviluppa l'anima che si articola in:

>>> *anima che sente,*

>>> *anima che ragiona*

>>> *anima cosciente*

Nell'anima, man mano che si evolve, cresce l' *io divino,* il nostro *spirito.*

---

[12] Sul retro della copertina uno schema che riassume graficamente questo riepilogo.

In quanto corpo fisico apparteniamo al *mondo minerale*, insieme ai minerali e a tutti gli altri esseri, per la loro parte minerale.

In quanto corpo eterico apparteniamo ad un mondo invisibile, che è dentro e fuori di noi, che possiamo chiamare *mondo eterico*. Nel fanno parte tutti gli esseri viventi: piante, animali e uomini.

In quanto anima apparteniamo ad un altro mondo invisibile, che possiamo chiamare *mondo astrale*, e che è anch'esso dentro e fuori di noi. Insieme agli altri esseri dotati di un'*anima*: gli animali.

Ma in quanto anima cosciente cominciamo a far parte anche di un altro mondo invisibile più elevato, del *mondo spirituale*: la patria del nostro vero *io*. In questo mondo, insieme a noi, vivono gli esseri spirituali superiori.

lo spirito

le componenti superiori della natura umana

Rudolf Steiner parla a lungo del fatto che l'uomo è in evoluzione continua in tutte le sue parti, in un percorso che dura da milioni e milioni di anni, del quale siamo ancora a poco più della metà. E' un progetto divino ideato per portare gli uomini a diventare veri e propri esseri divini, capaci di creare il bene in modo meraviglioso. E per fare dell'umanità un organismo, una gerarchia divina che possa arricchire il mondo spirituale.[13]

Se questo è il progetto in fase di attuazione, passa soprattutto attraverso una progressiva crescita, evoluzione e trasformazione positi-

---

[13] Rudolf Steiner: "La scienza occulta nelle sue linee generali", Editrice Antroposofica, Milano.

va della natura umana. Tutto il complesso meccanismo creato intorno alla scintilla divina del nostro *io* ha proprio la funzione di costituire l'ambiente più adatto per questa crescita. Tutto quello che ci avviene intorno, sia dal punto di vista fisico che da quello spirituale, non avrebbe altro scopo.

Sempre secondo Steiner, siamo ora in un'epoca molto delicata: quella in cui il mondo spirituale ha stabilito che è il momento giusto per uscire dall'adolescenza e "farci le ossa". Il momento di maturare una *nostra* coscienza. Per fare questo, come qualsiasi buon genitore, ha deciso di mollare un po' le redini e di lasciarci fare più liberamente le nostre esperienze, anche a costo di molti dolorosi errori.

Ciò che proprio ora siamo chiamati a sviluppare, è quella parte così importante dell'anima, l'*anima cosciente*, attraverso la quale cominciamo veramente a realizzarci come esseri spirituali liberi e autonomi.

Ma il nostro cammino evolutivo non finisce qui. Secondo Steiner, noi abbiamo anche delle parti spirituali superiori, che si svilupperanno pienamente nel futuro dell'umanità, se gli uomini lo vorranno. Ma che, anche se ancora poco attive, sono già presenti dentro di noi e già cominciano a partecipare alla nostra vita.[14]

---

[14] Certo, quello che Steiner ha comunicato non è facilmente verificabile... e non possiamo prenderlo per vero solo perché lo dice un signore molto "quotato". Per l'umanità contemporanea, l'umanità dell'Era dello sviluppo dell'Anima Cosciente, sono disponibili due vie per verificarlo. Una via è quella dello sviluppo di un pensiero lucido, aperto, attento e amorosamente rivolto al Bene, che fornisce certamente delle prospettive di grande interesse. Moltissimi elementi comunicati da Rudolf Steiner si rivelano veri all'esperienza: nella vita quotidiana, nella comprensione di se stessi, nei rapporti con gli altri e con la natura, in settori come l'agricoltura, la medicina, la pedagogia... E forniscono validi strumenti di lavoro e di sperimentazione nella realtà. Questo non è sufficiente a prendere per vere tutte le sue comunicazioni senza verificarle. Ma la grande credibilità, emersa durante le nostre esperienze, ci può spingere quanto meno a mettere le sue comunicazioni non ancora verificate in un ripiano della mente, dove è scritto: *"pensieri*

il sé spirituale, o manas

La parte superiore che già comincia ad essere più attiva in noi è quell'elemento, quel *bambino divino* di cui abbiamo parlato in

---

di fonte molto attendibile, ma non ancora sperimentati: da verificare." L'altra via, la "via maestra", ora finalmente disponibile per grandi numeri di persone, è quella di sviluppare, oltre alle qualità del pensiero, anche i *propri* organi di visione spirituale. Nei testi Iniziazione e Scienza Occulta Steiner fornisce numerose indicazioni su come fare. E soprattutto avvisa che ad un lavoro del genere deve corrispondere un impegno tre o quattro volte maggiore dal punto di vista etico, della autentica amorosa ricerca e pratica del Bene nella propria vita quotidiana. Aggiornando le sue indicazioni all'epoca e all'umanità attuale, è ormai autenticamente possibile diventare maggiormente amorosi, più coscienti e dotati di strumenti di visione superiore. Questa via di conoscenza, di rafforzamento etico e di crescita delle facoltà spirituali, è la via seguita dal percorso dei Talenti dell'Accademia della Coscienza di Coscienze in Rete.

precedenza, che nasce quando, con *l'anima cosciente*, cominciamo a mettere sotto controllo ed a modificare l'*anima che sente*. Questa capacità di controllare i nostri impulsi e di trasformarli in comprensione amorosa del mondo, si chiama

sé spirituale

(o *manas*, nella terminologia orientale)

Maggiore è la parte di anima che abbiamo posto sotto il controllo dell'*io*, maggiore è la componente di *manas* in noi. Il sé spirituale si sarà completamente realizzato quando avremo posto totalmente sotto controllo ed indirizzato verso il Bene ed il mondo spirituale, gli impulsi della nostra anima. Stiamo appena cominciando, come umanità, a sviluppare questa nostra componente, ed è proprio il compito più immediato che abbiamo di fronte.

Nella nostra vita quotidiana, possiamo chiamare *manas* la capacità di "sapere come stanno le cose", di vedere lo spirituale all'opera in tutte le creature, di capire il senso vero e amoroso di quello che succede e di sapere cosa fare, con il massimo di coscienza.

Si tratta per il nostro Io di *trasformare l'anima* mettendola in connessione permanente con il mondo spirituale.

Ma come si fa?

Se con il cuore e con la mente, mossi da amore disinteressato, ci rivolgiamo con grande attenzione alle persone, agli esseri, ai fatti della nostra vita. Se cerchiamo ogni giorno di liberarci dai condizionamenti dell'anima che sente e ci apriamo con tutto il cuore alla comprensione della realtà che ci viene incontro... Allora gradualmente rafforzeremo la nostra anima cosciente e svilupperemo una dote nuova: quella di *intuire* con sicurezza come stanno veramente le cose e cosa noi possiamo fare; quali azioni sono le migliori nelle situazioni in cui ci troviamo. In questo modo apriremo un varco sempre più grande per *tirare giù* dal mondo spirituale quella *verità* e quel *bene* che sono dietro alla nostra realtà. E che con il nostro modo di ragionare ordinario non consideriamo.

E allora un elemento luminoso, il *sé spirituale*, entrerà in noi, ad illuminare ed a scaldare la casa del nostro corpo astrale.

Le *intuizioni* sono vere e proprie manifestazioni del mondo spirituale dentro l'*io*, così come le sensazioni sono manifestazioni nell'*io* del mondo materiale.

Più intuisco del mondo spirituale, *più divento un essere intuitivo*, che vive ed opera coscientemente dall'interno del mondo spirituale. Il *manas* è l'anima trasformata che non ha più bisogno di combattere col meccanismo *mi piace/non mi piace*.

Nella nostra vita quotidiana, ogni piccola intuizione cui arriviamo con amore, sacrificando l'egoismo e trasformando le passioni, è la costruzione di un pezzetto immortale di *manas*.

L'azione del *sé spirituale* in noi la riconosciamo anche quando ci rendiamo conto che la nostra anima che sente comincia a trasformarsi: *"non sente più come prima."* Quando proviamo un piacere sempre più profondo per il vero bene che vediamo realizzarsi intorno a noi e sempre meno ci piace quello che nella nostra vita non è il vero bene. Vuole dire che il nostro *manas* sta cominciando a crescere, sta "spiritualizzando" l'*anima che sente*. [15]

Lavorare alla crescita del nostro *bambino interiore* significa predisporre il futuro spirituale del nostro *io*. Lavorare alla realizzazione del nostro *io superiore*. Quando questa realizzazione sarà completata e saremo al livello di *manas*, avremo raggiunto uno stadio di coscienza e di capacità spirituali simile a quello degli spiriti che ci assistono e che

---

[15] Nell'esoterismo cristiano, la nostra *anima che sente* viene rappresentata dalla figura della Maddalena, che prima è preda dei sensi, e poi viene trasformata in *anima cosciente* dall'incontro con l'essere dell'Amore, con il Cristo che è il *dio in noi*, il nostro *io spirituale*. Da quel momento dedica tutta se stessa ad una visione spirituale della vita.

ci fanno "da balia". Quelli che la tradizione
cristiana chiama *angeli custodi*.

lo spirito vitale, o buddhi

Quanto più, come *manas*, viviamo coscientemente nel mondo spirituale, attraversato
dalle qualità spirituali cosmiche, tanto più
queste mettono il nostro io in condizioni di
modificare il nostro corpo eterico. Si comincia a diventare un cosciente *canale d'a-
more luminoso*. Il passaggio di queste qualità
nel canale lo trasforma, lo purifica, spiritua-
lizza le sue tendenze, le sue caratteristiche
di base. Il carattere, la memoria, il tempera-
mento, tutto comincia lentamente ad ade-
guarsi alle pure correnti di luce ed amore
del mondo spirituale ed alle sue finalità
superiori.

Questo *corpo eterico trasformato* si chiama

spirito vitale

(o *buddhi* nella terminologia orientale)

Si tratta di una parte della nostra natura la cui realizzazione è ancora lontana nel tempo. Ma è già presente in noi in modo embrionale e già siamo in grado di lavorare alla sua formazione iniziale.

Nella nostra vita quotidiana, quanto più per amore ci sforziamo nel difficile lavoro di migliorare il nostro carattere, le nostre abitudini, i meccanismi di pensiero, più diventiamo esseri in sintonia armoniosa con il cosmo e con gli altri. Ogni più piccola trasformazione permanente di queste caratteristiche del nostro corpo vitale è già ora la costruzione di un pezzetto immortale di *buddhi*.

l'uomo spirito, o atma

Il *buddhi*, il puro canale delle energie luminose ed amorose, arriva con l'evoluzione ad una tale forza spirituale creativa da poter trasformare la materia fisica di cui è fatto. Quando sarà in grado di fare questo, potrà creare con un puro atto di volontà amante, come fa Dio Padre. E un giorno, se la nostra evoluzione andrà a buon fine, lo potremo fare come uomini-creatori. Come uomini-dèi, indipendenti nella loro capacità creativa dagli altri esseri spirituali. Saremo capaci di "dare solamente per amore" creando. In consapevole armonia con il resto del Mondo Spirituale.

A quel punto saremo

uomo spirito

(o *uomo-dio*, o *atma* secondo la terminologia orientale)

E' questa una dimensione lontana nel tempo dell'evoluzione umana, ma in qualche modo già ora possiamo sentirci su questa strada. Più amiamo, pensando, sentendo ed agendo secondo il piano generale divino, più diventiamo luminosi, portiamo luce e *creiamo* intorno a noi situazioni luminose. Ogni qualvolta per amore introduciamo qualcosa di nuovo, di buono e di luminoso nel quadro della realtà, sia in noi che fuori di noi, costruiamo un pezzetto embrionale di *atma*. Un pezzetto della nostra potenziale capacità di creare mondi.

riepilogo

Per concludere, possiamo dire che la natura umana è costituita da tre dimensioni:

corpo, anima e spirito.

Che sono sempre tutte presenti, ma in proporzioni differenti, a seconda del momento di evoluzione dell'umanità, e a seconda del grado di sviluppo di ognuno.

Queste tre dimensioni si articolano in modo piuttosto complesso.[16] Una sintesi più agile da ricordare, è quella in sette parti costitutive:

---

[16] Le varie tradizioni e vari maestri di spiritualità forniscono per la natura umana differenziazioni e denominazioni di tanti tipi, ma quando queste tradizioni o queste comunicazioni sono genuine, al di là delle differenze nominali o numeriche, si capisce chiaramente che sono solo modi differenti – tutti perfettamente legittimi - per fare riferimento alle stesse realtà spirituali.

- corpo fisico
- corpo eterico
- corpo astrale
- io
- sé spirituale (manas)
- spirito vitale (buddhi)
- uomo spirituale (atma)

L'anima, come *anima che sente* e come *anima che ragiona*, la si può considerare nel corpo astrale; mentre la sua parte più nobile, l'anima cosciente, è ormai nel mondo dello spirito, direttamente fusa con l'io superiore. Infatti un io inizia veramente a crescere e ad essere tale quando, connesso all'anima cosciente, è in grado di cominciare a staccarsi dalla materia e dal dominio dei sensi.[17]

---

[17] Nello schema sul retro del libro, viene riportato un quadro più complesso, nel quale vengono evidenziati in particolare i processi di coscienza in corso nella nostra epoca, riguardanti le varie parti dell'anima, l'io ed il sé spirituale.

Tutti questi elementi sono riconoscibili nella nostra vita in esperienze di tipo differente. Ma sono comunque parti di un organismo unico, tutte strettamente collegate tra loro. In uno strumento duttile e trasformabile che l'*io* può adoperare per scendere negli abissi, fisici o morali, o per salire verso il cielo. Il cammino è comunque pieno di insidie. E meglio impariamo a superarle più trasformiamo noi stessi.

Un percorso dalle nebbie alla luce. Da un corpo pesante e prepotente, allo splendore di un angelo alato.

uno strumento
per suonare musiche celesti

La natura umana è per noi come uno splendido strumento. E' come avere a disposizione un organo pieno di registri, di voci bellissime, di bassi profondi, del calore degli archi e di deliziosi strumenti a fiato…

Tanto tempo fa l'abbiamo sentito suonare da mani invisibili, e ricordiamo vagamente melodie bellissime, che ci facevano sognare e commuovere. Ma che non sentiamo più...

All'inizio il nostro *io* è talmente piccolo che questo organo enorme e complesso sembra dominarlo, schiacciarlo... Ma lui, spinto dalle forze del cuore e dai meravigliosi ricordi, si arrampica sullo sgabello, e comincia a provare i registri, a mettere le mani sui tasti...

Ne escono fuori stonature da brividi, ma in fondo al suo cuore lui sa che quell'organo può suonare meravigliosamente bene. Allora si ingegna, studia con passione, e un po' alla volta supera sia la rigidità delle dita che la continua voglia di piantare tutto e di andare a giocare.

Infine acquista una buona tecnica: le mani si muovono agili, la costruzione della composizione è impeccabile... Ma c'è ancora qualcosa che non va: ne esce fuori una musica fredda, che non coinvolge, che non ispira. Che si disperde tra le navate vuote della cattedrale…

Finché un giorno, stanco di musiche insulse, prive di senso e di calore, stanco di suonarle solo per se stesso, finalmente apre il suo cuore, apre l'anima a quei suoni del mondo spirituale che sono sparsi ovunque nella sua vita, nelle persone, nella natura…

E allora in lui sorge una intuizione, scocca una scintilla: ora sa come usare bene *le sue sette note*… Non solo per sé ma per tutti. E improvvisamente dalle sue mani, animate dal calore del cuore, escono fuori melodie celesti, che spargono la loro magia divina tra le navate di pietra della cattedrale.

Che ora è piena di gente che ascolta attenta e commossa.

Appendice

una proposta di lettura dell'

Ave Maria,
come preghiera dell'anima cosciente[18]

Maria è la Madre di Gesù, ed è la Sofia, il "Divino Femminile", ma è anche un importante archetipo della nostra natura.

Maria è l'anima umana, l'*anima cosciente* che, con i mezzi di cui dispone e con l'aiuto del mondo spirituale, compie la propria missione e prende il controllo del *corpo astrale*. In questo modo realizza il compito per il quale è stata "benedetta": dare alla luce il *bambino*, quello *spirito divino* che ha un suo compito "benedetto" nel mondo. Allora diventa "Santa", pura ed intoccabile, madre

---

[18] Si tratta di una libera proposta interpretativa, basata sulla visione scientifico-spirituale della natura umana.

del dio, dell'*io spirituale* in ognuno di noi. E questa nostra parte Santa, immortale - *l'anima cosciente* - ci rappresenta per quello che siamo diventati come uomini. Parla per noi - (*ora(t)* pro nobis) - adesso, nel corso della vita. E poi, come elemento spirituale immortale, viene con noi a parlare di noi, di quello che siamo diventati, nell'ora della morte, tra una vita e l'altra, come base per il nostro futuro di crescita. E' lei che mostra il meglio di noi: mostra il risultato del nostro cammino, anche se tanto abbiamo sbagliato nel percorrerlo.

Ave Maria!

Rallegrati anima mia!

piena di grazia

perché hai tutte le possibilità, tutti gli strumenti per farcela…

il Signore è con te

> e perché l'intelligenza della vita,
> tutto il mondo spirituale è con te.

tu sei benedetta tra le donne,
ed è benedetto
il frutto del tuo seno, Gesù.

> tu hai un compito tutto positivo
> ed è quello di far crescere
> dentro di te una coscienza nuova,
> con una missione superiore, divina.

Santa Maria,

> Quando fai finalmente tuo
> questo compito,
> quando vivi questa missione,
> ti trasformi in qualcosa di molto più
> elevato, puro ed intoccabile,

Madre di Dio,

ed in te finalmente viene alla luce
il mio essere divino

prega per noi peccatori

E allora tu sei veramente in grado
di rappresentare degnamente me
e gli altri come uomini,
anche se abbiamo sbagliato
in tante cose,

adesso e nell'ora della nostra morte.

e lo farai sia qui sulla terra,
durante la mia esistenza fisica,
sia nel mondo spirituale,
nel tempo tra una vita e l'altra.

Amen

E' proprio così…. lo so !

COLLANA "IL SOLE E LA COLOMBA"

Dello stesso autore:

La vita ha un senso profondo e positivo

Come rendersene conto sulla base delle proprie esperienze e come cominciare a trasformarla con i propri mezzi.

La cosa peggiore è pensare che la nostra vita sia priva di senso, in balia del caso. Una realtà che ci tratta come schiavi e ci rende sempre più infelici e depressi. Questo libro segue un cammino che parte semplicemente dall'osservazione di quello che ci circonda e di quello che sentiamo dentro. Passo dopo passo ci rendiamo conto che per capire la nostra realtà dobbiamo trasformare il nostro modo di vedere, dobbiamo imparare una nuova lingua. Solo così potremo poi fare quelle cose nuove, proprio quelle che cambieranno in meglio la nostra vita.

Cos'è il Karma?

Impariamo a conoscerlo per cogliere tante opportunità nella vita di tutti i giorni; cos'è la reincarnazione?

Il karma è la trama sulla quale si svolge la nostra vita. Per questo ci riguarda da vicino ed è importante conoscerlo. E' una trama di amore e di luce che si trasforma continuamente, per offrirci sempre nuove possibilità positive. Che sia una prigione o uno spazio di libertà gioiosa e creativa, dipende solo da noi... Come funziona nella nostra vita di tutti i giorni? A cosa ci serve? Questo libro fornisce spiegazioni semplici e pratiche, arricchite da disegni e schemi, sul funzionamento e sul senso del karma e della reincarnazione per ognuno di noi.

Il Mistero della Situazione Internazionale

Cosa e chi c'è dietro? Cosa sta succedendo? Perché va proprio così male? Che possiamo fare? Una prospettiva politico spirituale, frutto delle esperienze dirette dell'autore.

Perché tante guerre, malattie, violenze, fame, povertà? Perché il Male appare trionfante nel mondo e sembra che il Bene sia ormai quasi scomparso? Cosa c'è dietro, cosa sta succedendo? Chi guida veramente i governi, l'economia e la finanza, le grandi organizzazioni? Il mercato delle anime. Le armate nere e le armate bianche. La posta in gioco siamo noi. La riscossa del Bene e le nuove, insidiose trappole piazzate ovunque.

Un'epoca di grandi rischi, ma anche di grandi opportunità per tutti noi

La Preghiera

Mi serve pregare? La discesa nella stanza segreta. Il significato nascosto delle grandi preghiere cristiane

Parole e gesti senza senso? Roba da bambini? Oppure il contrario: la nostra coscienza al suo livello più alto, all'opera per ricongiungere due mondi e migliorare quello dove viviamo? Cosa succede quando preghiamo. Un grande strumento a nostra disposizione, potente e delicato contemporaneamente. Proprio per questo bisogna sapere come usarlo, in quali condizioni, perché…

www.ingramcontent.com/pod-product-compliance
Lightning Source LLC
Chambersburg PA
CBHW052042270326
41931CB00012B/2592